Manatu Melie 1

Marbles and Mangoes

Mapu moe Mango

Sione Tapani Mangisi

Copyright

Marbles and Mangoes

Mapu Moe Mango

By Sione Tapani Mangisi

Published by Puletau Publishing, Melbourne

First Edition 2020

Copyright © 2020 John T Mangisi

Illustrated by Elizabeth Paris Cocker

Cover Design by Irene Webley

John T Mangisi asserts his moral right to be known as the author of this work.

No part of this book may be reproduced by any process, stored in a retrieval system, or transmitted in any form by any means electronic, mechanical, photocopying, recording or otherwise without the prior written consent of the copyright holder, apart from fair dealing for the purposes of private study, research, criticism or review.

All Rights Reserved

ISBN 978-0-6488850-1-6.

Dedication

To all the Pasifika children and grandchildren growing up away from the Pacific Island homes of their parents and grandparents. Especially those from my home village of Ha'avakatolo and indeed Tonga. Respectfully yours. Thank you.

Koe Foaki

Ma'ae fānau moe makapuna kotoa pe meihe 'otu motu Pasifikī na'a nau tupu hake 'iha ngāhi fonua kehe meihe ngāhi fonua tupu'anga 'o 'enau ngāhi matu'ā moe fanga kuī foki. Tautefito ki hoku ngāhi famili 'i hoku kolo tupu'angā ko Ha'avakatolo mo Tonga foki. Faka'apa'apa atu. Mālo.

Contents

Koe Hokohoko

The Manatu Melie Series 1

Koe 'ūni tohi Manatu Meliē 1

Tips on Spelling and Pronunciation 6

Tokoni kihe Sipelā pea moe Pu'aki Leā 6

Part 1: Marbles and Mangoes 9

Konga 'Uluakī: Mapu moe Mango 9

Part 2: Marbles 23

Konga hono Uā: Mapu 23

Part 3: Playing the Game 36

Konga hono Tolū: Koe Va'inga Mapū 36

Part 4: Little Kids Games **42**

Konga hono Fā: Mapu 'ae kau leka iikī. 42

Part 5: Setting up a marble match **47**

Konga hono Nimā: Teuteu ha'a mou va'inga mapu 47

The Writer **51**

Tokotaha Fa'u Tohī 51

The Illustrator **53**

Tokotaha Tā Fakatātaā 53

The Manatu Melie Series

Koe 'ūni tohi Manatu Meliē

Last year 2019 Irene and I visited family in New Zealand for the first time in a long while. We knew that two of my friends from the group of us who got scholarships to study trade qualifications in New Zealand in 1966, would be in Auckland when we got there towards the end of our trip. We arranged to meet up for a chat. After all it has been over 30 years. It turned out that we had only a few hours free instead of the days arranged. So we ended up sitting upstairs in the food hall at Auckland airport catching up about our time in Wellington all those years ago. And laughing. And remembering. Warm with emotions.

'Ihe ta'u kuo 'osi 2019 na'aku 'alu ai mo Irene ki Nu'usila koe vakai famili pe he kuo fuoloa fau e ngāhi ta'u moe te'eki fai ha felōngoaki. Na'e 'iai e ongo tangata nofo 'Okalani na'a mau omi fakataha mei Tonga he 1966 koe kau ma'u sikolasipi ako ngāue ki Nu'usila pea na'a mau alea kemau fe'iloaki 'i 'Okalani he 'osi 'ema 'a'ahī kimu'a pea ma toki foki mai ki heni. Koe ta'u eni e 30 tupu moe 'ikai ha fetu'utaki. Na'a mau 'amanaki temau feohi ha ngāhi 'aho kae pango ne fu'u 'api'api 'ae taimi pea mau iku fe'iloaki pe mo fakamāvae 'i mala'e vakapuna. Mau nofo pe 'i 'olunga he ngāhi fale kofī 'o talanoa fiefia mo manatu melie kihe taimi na'a mau feohi fakatamaiki ako ai 'i Uelingatoni he ngāhi ta'u koiā. Mau fiefia. Mau kakata. Mau mafana he manatu melië.

It was probably the best part of my holiday and when we got home to Melbourne I thought for some time about the importance of remembering, recapturing our shared stories. It dawned on me that all of us had many stories, about growing up in Tonga, about navigating our way through the challenges and opportunities in New Zealand. Some of these haven't been told publicly at all: for example in Tonga we still praise people graduating with university degrees and those of us who qualify as plumbers, electricians, refrigeration/HVAC mechanics, hairdressers, nurses, are often overlooked.

Koe konga mahu'inga eni kiate au 'ihe 'ema 'eva mālōlō pea 'ihe 'ema foki ki Melipoanē na'e e'a mahino 'aupito kiate au 'ae mahu'inga 'oe manatū moe ha founga ke vahevahe ai 'ete fo'i talanoā. 'Oku 'iai 'ae ngāhi talanoa 'ia kitautolu tāutaha. 'Ihe 'ete tupu hake 'i Tongā, ngāhi faingamālie pe ha palopalema na'ate feia ai mo solova lolotonga 'ete 'i Nu'usilā. Te'eki iai ha talanoa pe lāulea kihe ngāhi me'a lahi. Hangē koenī: koe tokolahi 'oku nau kei tui pe koe 'uhinga 'oe akō, ke ma'u hato mata'itohi meiha 'univesiti kae 'ikai fu'u mahu'inga 'ae ako ngauē, hangē koe palama, 'uhila, 'aisi moe 'ea fakamokomoko, ngāhi 'ulu, neesi, 'ikai nai kenau fu'u mahu'inga fau.

As a community we have always been storytellers: in song and in dance, in discussions around the kava bowl or making ngatu, well before Europeans arrived. I used to go to the bush with my dad when I was a child and while we worked on his land, or gathered coconuts, he would tell me stories, many of which I still remember.

'Oku 'iai hotau tala fakafonua: 'oku hāmai 'ihe ngāhi ta'anga 'ae kau punakē pea moe fakahaka 'oe ngāhi tau'olungā, talanoa felāfoaki 'oe faikavā, 'ihe koka'angā, kimu'a 'aupito eni ia pea toki omi e kau papālangī ki hotau fonuā. Ma fa'a ō ki 'uta mo 'eku tangata'eiki 'o tufi niu pea ne fa'a talanoa mai kia au e ngāhi me'a lahi, kei tu'u pe he'eku manatū.

However, in this the 21st century, we are a community dispersed throughout the world with many of us no longer speaking Tongan. We are in danger of losing our language and our stories if we do not do something about it.

Koe senituli 21 foki eni pea kuo tau folaua e ngāhi feitu'u kotoape 'oe kolopē, pea me'apango koe tokolahi kuo mole 'ae lea faka-Tongā 'o 'ikai kenau toe ngāue'aki. 'Io, 'e mole 'a 'etau leā pea mo 'etau ngāhi talanoā kapau he 'ikai ketau fai ha ngāue kiai.

So with the pleasure of meeting up with old friends still fresh in mind I decided to write some of my stories. And to write in Tongan and in English, in the hope that this would encourage other Tongans to use our language and even more to write up their own stories for their children, grandchildren and future generations.

This is the WHY of the MANATU MELIE series.

Koia 'ihe lolotonga 'ae kei māfana moe fiefia he 'emau fe'iloaki mo hoku ongo kaungā akō, na'aku pehē leva 'i hoku lotō, "Taimi eni keu fanafana atu ai ha fanga ki'i talanoa." Koe fanga ki'i talanoā 'e tohi 'ihe lea faka-Tongā pea moe lea faka-Pilitaniā, 'ihe faka'amu temou lau 'ae tohi faka-Tongā pea hulu atu, kene fakalotolahi'i koe keke tohi ho'o fo'i talanoā ma'a ho'o fanaū, fanga makapunā pea moe kaha'u hota tala fakafonuā.

Koe 'UHINGA eni 'oe 'ūni tohi MANATU MELIĒ.

This is the first of my planned series of short storybooks about growing up in Tonga. I hope that people read them to their own children and grandchildren and use them to begin new conversations with them about their own experiences. It would delight me if this results in many more books in Tongan being published. Not only for children but also for us oldies to read and remember and chuckle.

'Oku lolotonga fai e ngāue kihe ngāhi tohi hokohoko atū. 'Oku 'iai 'ae faka'amu temou lau 'ae tohi ni ki ho'o mou fānaū moe fanga makapunā foki pea ke hoko ia koha kamata'anga ha'amou pōtalanoa. 'Oku 'iai 'ae fiefia moe faka'amu 'e hoko 'ae tohi ni koe fakaloto lahi kiate koe keke tohi ho'o fo'i talanoā pea ke pulusi ia 'ihe lea faka-Tongā. 'O 'ikai koe 'ai pe ma'ae tamaikī ka ma'a tautolu lalahi foki ketau lau, mo manatu mo kata fiefia foki.

Tips on Spelling and Pronunciation

Tokoni kihe Sipelā pea moe Pu'aki Leā

Tongan is a Polynesian language, one of a family of languages in the Pacific region, with similar vocabulary, grammar and core sounds, suggest that they all have the same roots. Trade, migration and conquest in pre-European history of the Pacific all contributed to the spread of these languages which evolved differently but with the core elements still found in all of them.

Koe lea fakaTongā koe taha ia 'oe ngāhi lea 'o Polinisiā pea neongo 'oku lahi hono ngāhi va'ava'ā, koe ngāhi tefito'i leā, kalamā pea moe anga 'oe pu'akī 'oku meimei tatau kotoa pe. Pea mahino ai 'oku nau tefito taha pe. Tupu meihe fe'alu'aki fakaloto Pasifiki pe 'ae kakaī pea moe nofo vamama'ō, kimu'a pea omi e kau papālangī, ne mofele ai e lea 'o Polinisiā 'ihe Pasifikī pea faikehekehe kanau meimei tatau pe.

Pacific cultures were based on oral traditions and their languages were first written down by European sailors before being systematically converted to text by missionaries in order to translate the Bible and to preach in local languages and for good general communication purposes. They used their own alphabet to do this, even though there were some significant differences between the two language families.

Koe ngāhi lea 'o Polinisiā moe ngāhi tala fakafonuā na'e talanoa'i pe. Toki omi e kau papālangī tautefito kihe kau ngāue fakamisinalē 'o tohi e ngāhi lea 'o Polinisiā, kau ai 'a Tonga, kenau ngāue'aki kihe liliu e Tohitapū, 'enau ngāhi malangā pea moe fetu'utaki lelei ange foki moe kakai 'oe fonuā. Koe founga tohi faka-Pilitāniā na'a nau ngāue'akī neongo 'ae faikehekehe lahi 'ae ongo lea ni.

Tongan words may start with a vowel or a consonant. All consonants are always followed by a vowel. That is there are no double consonants. The one exception is "**ng**". This is because these two letters together make a sound similar to the "ng" in the English word "singer. However all words must end with a vowel or doubling of the same vowel to designate the elongation of the end of the pronunciation. Note that there is one word that has all the vowels: 'OIAUE! Which simply means OMG!

Koe fo'i lea kotoape 'e lava pe ke kamata'aki ha fo'i vauele pe koha fo'i konisonaniti. Pea koe konisonaniti kotoape 'e hoko mai 'aki ha fo'i vauele. 'Oku 'ikai ngofua ke tu'u ua ha konisonaniti. Tuku kehe pe 'ae "**ng**" ke ma'u ai 'ae ongo koe 'nga' hange koia 'ihe singā. 'E lava pe ke tu'u ua 'ae vauelē ke fakaha'aki 'ae loloa hono pu'akī, pea koe fo'i lea kotoape kuopau ke faka'osi vauele. Fakatokanga'i ange 'ae fo'i lea 'oku katoa ai e vauelē koe : 'OIAUE!

Vowels in written Tongan take one of three forms, depending on context and meaning. The basic form is the standard vowel – **a** for example. But a vowel preceded by an apostrophe – **'a** for example – indicates a pronunciation shift similar to a glottal stop. A vowel may also be written with a macron – for example **ā**. This indicates that the vowel is lengthened and vowels with this form are sometimes written as a doubling – aa for example. In this book I have used macrons. These accents are important because they can alter the meaning of the word, sentence or even the text.

Koe vauelē he lea faka-Tongā 'oku ngāue 'aki he founga maheni e tolu. Hangē koe **a**. Kapau 'e 'iai ha fakau'a **'a** 'i mu'a pea 'e kehe hono pu'aki 'ona. Kapau 'e 'iai ha toloi 'i 'olunga **ā** pea 'e toe kehe hono pu'aki 'ona. 'Aia koe fakaloloa e pu'aki 'oe fo'i leā. Pe koe tohi'i tu'o ua - aa. Na'aku ngāue'aki 'ae (ā) 'ihe tohi ni. 'Oku mahu'inga e ngāhi faka'ilonga koeni he'e makatu'unga ai e 'uhinga 'oe fo'i leā pe koe setesī pe koe 'uhinga ho'o fakamatalā.

Part 1: Marbles and Mangoes

Konga 'Uluakī: Mapu moe Mango

Have you ever seen some very big grown mango trees? In Ha'avakatolo, Hihifo Tongatapu where I grew up most of the mango trees in the village are very old and huge. With trunks some 4-6 metres around and leafy branches forming a canopy 12 metres across or more. These have been around for as long as anyone can remember, perhaps more than 100 years.

Kuo mou 'osi sio ha ngāhi 'ulu mango lalahi 'aupito?. Na'aku tupu hake 'ihe kolo ko Ha'avakatolo 'i Hihifo Tongatapu pea koe ngāhi 'ulu mangō na'e motu'a mo lalahi 'aupito. Ngāhi fu'u tefito e ni'ihi 'e a'u pe kihe mita e 4-6 takai, moe lau pea falō mahalo kiha mita nai e 12 pe lahi ange, Koe 'ulu mango koeni mahalo pe koe ni'ihi kuo 'osi laka ia he ta'u 100 pea 'ikai ha taha ia he kolō tene 'ilo'i honau motu'ā.

Most people know them for their fruit and those big old trees have the biggest, the sweetest, the juiciest mangoes, omg! When they are in season during the summer months, October to March, some branches get so laden with fruit they hang low enough for even 5-year old kids to pick them or to knock them down with a pole.

Koe tokolahi foki 'oe kakai 'oku nau mahu'inga 'ia 'ihe 'ulu mangō koe koe'uhi ko honau fuā. Hau e fō lalahī, ifo pea huhu'a 'ae kakanō pea tō atu hono meliē, 'oiaue fakapō! Mei 'Okatopa ki Ma'asi he taimi māfanā koe taimi ia e to'u mangō. Taimi e ni'ihi 'oku tōatu 'ene ngafuhī pea koe ngāhi va'a e ni'ihi kou nau ope hifo mā'ulalo 'aupito pea 'e lava pe ha taha ta'u 5 ia 'o a'u kiai 'o toli'i. Pe koe toli 'aki ha fu'u kofe.

The flying foxes take their share higher up the tree and as they fly in and land on these branches they shake ripe fruits to the ground for us kids to happily collect. We'd eat some and share out the remaining to take home. And then when we are all asleep in the dead of night, the flying foxes will be in their most active feeding frenzy before they return to their hangout before daybreak. And the neighbourhood pigs will have a feast galore on all the mangoes that have been shaken down.

Koe fanga pekā 'oku iai pe mo honau 'inasi ka 'oku nau lata pe nautolu ki 'olunga. Ka 'ihe taimi 'oku nau puna mai ai 'o tau he fu'u mangō, 'oku nau ki'i lulu'i ai e va'ā pea ngangana leva e mango momohō ki he kelekelē. Tufi leva ia 'ehe kau lekā 'o nau kai pea vahevahe hono toe 'o taki taha 'alu moia ki 'api. Pea lolotonga 'emau mohe tāngulu he taimi tu'apō kihe hengihengi 'ahō, koe taimi eni 'oku kai tavale ai e fanga pekā 'ihe funga mangō kenau fiu pea foki ki honau tau'angā kimu'a pea ma'a e 'ahō. Lolotonga eni 'oku kai pola mango momoho e fanga puaka kotoa e kolō ia he lulu mango 'ae fanga pekā.

And that was where we played marbles. On the bare ground underneath the largest mango trees. I saw my grandson playing marbles with his friends at school here in Australia, but they had to play on the concrete and use chalk to mark out their playing field.

Koe ngāhi lolo 'akau eni na'e fai ai 'emau mapū, 'ihe funga kelekelē he ngāhi lalo mango lalahī. Kou 'osi sio heni 'ihe mapu 'a hoku ki'i mokopuna mo hono kaungā ako pe 'i 'Aositelēlia ni ka 'oku tā pe 'enau laine 'anautolu ha lau'i sima pea nau va'inga ai.

Playing under an old mango tree is much better. The dirt there is usually smooth and bare, with just enough bumps to make the games more interesting and separate out the good players from the seconds. And it's so easy just to pick up a stick and draw out the playing circle. Besides, the tree shades you from the sun, keeping you cool while you play or wait your turn. And if you have no marbles of your own you can just sit there in the shade watching other kids play.

Kia au 'oku laka mama'o ange 'ae mapu ia he lalo mangō. Koe funga kelekelē 'oku 'ikai molemole tatau moe la'i simā ka 'oku petepete fe'unga pe ke faingata'a ange ai e va'ingā ke mālie pea mahino ai 'ae kau poto he va'ingā, meihe kau meimei pe. Toe faingofua ke to'o hake pe ha ki'i va'akau 'o tā 'aki e lainē. Toe sai foki moe malumalu lelei pea mokomoko lolotonga 'ete tali ki hoto taimī. Pea kapua 'oku 'ikai ke 'iai ha'ate mapu ka ko'ete mamata pe, pea 'oku toe fakalata pe moia.

We live now in a world where most things are planned and organized, especially sport. Even for kids. But our games always just seemed to happen.

Koe taimi kehe foki eni he koe me'a kotoa pe 'oku palani mo fakataimi a'u aipe kihe sipotī meihe lalahi kihe kau lekā. Ka ko homau taimī, na'a mau mapu ha fa'ahinga taimi pe.

Kids would run home to find their own marbles. Most of us kept them in little sacking bags that our mothers sewed for us, but some boys used other containers – an old tin for instance.

Mau takitaha lele ki hono 'api 'o kumi 'ene mapū. Taki taha 'iai pe 'ene ki'i tangai kou 'osi tuitui he 'enau fa'ē ke fa'o ai 'enau mapū. Koe ni'ihi nau fa'o pe ha nge'esi kapa peha me'a pe tenau ma'u.

We'd clear away the leaves underneath the tree. Someone would say, let's draw the line, then someone else would pick up a stick and run around drawing a circle in the dirt. Remember we've played there hundreds of times before, it's not a fresh ground, and you can see the marks left from earlier games.

Mau 'uluaki tafi'i e me'a temau va'inga aī ke 'atā mo ma'a. To'o mai 'eha taha ha ki'i va'akau pea tā leva e laine mapū. Faingofua pe hono tā e lainē he 'oku kei 'ilonga pe laine tatau meihe 'emau va'inga he uike kuo 'osī.

The circle's drawn and the little kids are hanging around as usual waiting in anticipation for the day's action. Before we start, we decide how many marbles we're going to play for. This is important because we all put in the same number and of course some of us don't have very many. So these kids want to make it a small number, perhaps 1 or 2 each.

'Osi hono tā e siakalē pea tu'u pe kau lekā 'o tali mo sio pe tenau taki fiha? Kau tama foki 'oku lahi 'enau mapū nau feinga nautolu ke taki lalahi ka komautolu koē 'oku 'ikai loko lahi 'emau mapū, mau loto mautolu ke mau taki 1-2 pe kemau kamata 'aki.

But this small pile means the game will be over quickly and it won't be very interesting. So typically, we'd try and get everyone to put in at least 5, or maybe even 6 or 7.

Kapau temau taki iiki, 'e fu'u vave ai e 'osi 'ae va'ingā pea hangē 'oku ta'eolī. Koia ai nemau fa'a kamata pe he taki nima 'o fai hake.

If you're a good player, you try to get everyone to agree on a number small enough to allow some of the poorer players into the game so you have a chance of winning their marbles. When the number is small though, you end up with lots of players. And the kids who couldn't play very well would lose all their marbles after a game or two. Then they would retire to the sidelines and watch from there while the experts carry on.

Taimi e ni'ihi mau fa'a kamata 'aki ha taki 1-2 'oka tokolahi e kau va'ingā. Pea koe 'osi pe ha fo'i takai e taha pe ua kuo 'osi 'enau mapū he mole pea nau tu'u pe leva 'o mamata pe meihe tafa'akī kae hoko atu e kau maheni va'ingā ia pea taki lalahi.

I recall one time when we were having a game at Ha'avakatolo. There was probably about 15 of us, varying ages. One guy had this great big marble, a big stone one, a mapu lei. Everyone wanted to have a mapu lei, they were like diamonds, much more precious than the glass marbles most of us played with.

Kou manatu'i e taimi taha fai 'emau mapu i Ha'avakatolo, mahalo pe mau toko 15. Na'e iai e tama e taha na'e iai 'ene fu'u fo'i mapu lei. Koe mapu leī koe mapu mahu'inga tahā ia. Koe taiamoni eni 'oe mapū pea faka'amu e taha kotoa ke 'iai ha'ane fo'i mapu lei. Mahu'inga ange ia he mapu sio'atā.

Anyway, there we were all gathered on one side of the circle, and we take turns to shoot our kings across to the other side to determine who is going to play first. The player who throws his king closest to the line at the opposite end would start first and the next closest will go second and the rest will follow accordingly. All will have put in their 5 each in the pile in the middle ready to start.

Mau tu'u laine ke fai 'emau lī kamau kamata. Koe tokotaha koē 'e lī 'ofi taha kihe laine he tafa'aki mama'ō, koia 'e 'uluaki kamatā. Pea koe ofi taha hoko hakē, koia 'e fika 2 pea hokohoko pehē ai pe. 'Osi tuku kotoa 'emau taki 5 ki loto teuteu ke kamata.

Typically we play ten or more matches in an afternoon depending on who still has any marbles left. One game finishes and we start another. Somewhere around the sixth or the seventh round there'd be an argument, some sort of commotion going on. People would have lost some or all of their marbles by then and start to get edgy and aggressive.

Koe founga mahenī 'oku fa'a lava ha'a mau fo'i takai e 10 pe lahi ange 'o falala pe pe kohai 'oku kei toe ha'ane mapu. 'Osi pe fo'i takai pea mau hoko atu he founga tatau pe. Taimi e ni'ihi mahalo 'ihe takai hono 6 pe 7 kuo fai ha fakafekihi. Fa'a hoko eni he taimi fai ai 'emau lī pe kohai 'e 'uluaki, ua moe fakahokohokō. Taimi eni 'oku taka 'ita vave ai e kau va'inga he koe ni'ihi kuo mole 'enau mapū pea kuo nau taka 'ita vave ai.

This day I remember we'd shot our kings to determine the start order. A couple of kids started to argue whose had gone closest to the line. Everyone joined in with their opinion, wandering over to the edge of the circle where all the king marbles had ended up. Except for one boy, silly hoot, who saw his opportunity and grabbed hold of as much of the pile of marbles in the middle as he could and took off running.

Kou manatu'i e 'aho e taha lolotonga 'e mau lī, kou fakalalahi hake 'ae fakafekihi ia 'ae ongo tama pe kohai 'oku ofi ange kihe lainē, pea kuo mau ha'o atu kiai ke vakai ke fakalele'i. Lolotonga eni 'oku iai e ki'i leka ia e taha 'oku sio ia ko hono faingamālie eni ke hola ia moe mapu 'ihe loto lainē. Ala leva e leka ia 'o tata nima ua e fokotu'unga mapū 'o lele ia moia.

One of the little kids yelled out. "Hey, somebody is tili." We all turned around to have a look and of course he was already fifty yards down the road. We all take off after him. His house with his parents is further down in the village and naturally enough he gets there first and escapes us. As he ran one or two marbles fell out of his hands and somebody picked them up and claimed them. We yelled out to him hiding in his house. "Be warned mate, next time we'll have you. You'll know all about it."

Kaila mai e leka e taha "koe tili". Mau tafoki hake kuo 'osi mavahe atu e lekā ia he hala ki honau 'apī. Mau lele kotoa 'o tulimui atu kae lele pe lekā ia 'o hao ki honau 'apī. Ngangana ha ngāhi fo'i mapu pea takitaha tufi pe 'o ma'u 'e kita. Mau kaila atu pe kihe lekā "Mana hena, kake toe 'asi mai kiha mapu teke toki sio ai ki ha'o totongi!"

Then we trooped slowly back to our playing circle under the mango tree. And started another match less the handfuls of marbles that he had taken off with. So this time we put in only one each because half of our own marbles have disappeared with this kid down the road.

Mau foki leva kihe lalo mangō ke hoko atu 'emau mapū. Mau kamata e fo'i takai fo'ou pea mau taki iiki pe he koe konga lahi ia e mapū ne hola moe masi'i tilī!

I don't think it was the same kid who always made off with the marbles in a tili. And I remember that afterwards, a week or two later, there'd be another game. The kid would be there and we'd just be warning him. We didn't belt him up or anything. Maybe a flick around the ears and say, "You do it again we'll give you a real hiding." And that was usually the end of the story.

Ko 'eku mamatu'i na'e 'ikai koe leka tatau pe na'e fa'a tili he mapū. 'Osi ha uike taha pe ua nai mau toe fakataha 'o mapu. Ha'u kiai moe leka tilī. Mau tala pe kiai ke 'oua toe tili, moe ki'i fisi'i pe he telingā mo talaange ka ke toe tili teke sio ki ho'o totongi. Pea 'osi ai pe ia.

I never was the tili. You might think it was because I was a good boy, but mainly it was because I was one of the luckier kids and could buy marbles of my own. The tili was usually one of the poorer kids who never had any marbles. But though I was pretty good, I was never the star player and usually lost as many as I won. The best players, the one or two, would come in there and oh, you'd need a wheelbarrow to carry their lot. Their bags would have 50 or 100 or more.

Te'eki keu tili tu'o taha neongo na'aku fa'a fakakaukau pe kiai. 'Uhingā pe he na'e lahi pe 'eku mapū 'aku. Koe kau leka tilī na'e 'ikai ke 'iai ha'anau mapu. Koe tahā na'aku poto fe'unga pe au 'o 'ikai mole kotoa 'eku mapū. Koe ongo tama va'inga lelei tahā na'e lahi 'aupito 'ena mapū pea 'e fiema'u ha saliote ia ke uta mai ai! Koe tangai mapū mahalo pe ne 'iai ha fo'i mapu e 50-100 pe lahi ange.

At Ha'avakatolo the fifteen or so of us in my age group who played were pretty much all at the same level. I remember being pretty good, perhaps in the top half. One or five of them would be better than I was. When some of the other guys weren't there, I could have a field day.

Mahalo na'e toko 15 homau kaungā va'inga 'i Ha'avakatolō, ko homau to'ume'a pe. Mau meimei poto tatau pe. Mahalo pe na'aku kau he toko 5 ki 'olunga pea koe taimi koē ne 'ikai 'asi mai ai e kau tama koē kou toki hanga atu o fufulu e kalasī. Mālo pe kei toe ha'anau fo'i mapu he taimi ke mau mātuku aī.

It was the bigger guys, the older ones, who always had the most marbles. They could shoot considerably faster. And some of them, when they are in, they are so precise and accurate that they can knock one out and at the same time keep their king in the middle. Then they tepu tepu, just shoot all around from close proximity, knocking all the remaining marbles out one shot at a time.

Koe kau tama lalahi mo matu'otu'ā ne lahi taha 'enau mapū. Nau poto ange foki pea toe fana lalahi mo tau. Te sio pe he 'enau va'ingā. Fana pe 'o 'alu ha fo'i taha pea tu'u lelei 'ene fo'i toā teuteu kihe 'ene fana 'oku hokō. Pea toki tepu tepu holo ai pe ia i loto 'o 'osi pe mei 'osi e mapū.

You can see why we loved to play. To win you had to be very skilled at shooting and as well have a clear head to think about potential plays from the others. Years later I learnt to play snooker in New Zealand and thought how similar the games were.

Va'inga fakamanako 'aupito e mapū. Ka kuopau kete poto he fanā pea moe faka'uto'uta lelei kihe anga moe founga 'oe va'ingā ke lava kete ma'u, ma'u pe. 'Osi e ngāhi ta'u kou ako he va'inga sunukā 'i Nu'usila peau manatu kihe taimi na'a mau fa'a mapu ai he 'oku meimei tatau pe hona ngāhi laō.

Good players shoot their kings very fast, chipping or cracking the glass marbles in the centre pile. Afterwards in another game, somebody would put in their contribution for the centre pile and try to sneak in the chippy ones because you don't want them. But everyone is a policeman, and if they noticed, they'd say, "Hey that's no good, it's too chipped. Throw that away. Don't try and be too cheeky."

Koe kau poto he va'ingā moe fana lalahī, nau fana'i pe ha fo'i mapu 'o mafahi. Pea taka lahi e mapu kuo masolisolī. Mau taki taha feinga pe ke mono atu 'ene mapu masolisolī kihe va'ingā kae pango ne lahi pe moe kau polisī 'o talamai ke laku e mapu koiā. Mapu lelei pe, ki'i masoli si'isi'i pe. Tuku e fienga kākaā!

But we tried, everyone of us tried. But the mapu lei, the stone ones, very rarely chipped. I think Captain Cook brought them with him. They were so old and just slowly wore down over time but remained fairly round.

'Ikai tuku foki 'emau takitaha feingā. Koe mapu lei, koe mapu muhu'inga tahā ia. 'Ikai ke mafahi ngōfua hangē koe mapu sio'atā. Kou tui mahalo pe koe kalasi mapu eni na'e 'omi 'e Kapiteni Kuki ki Tonga. Mapu motu'a pea nau toki masisisisi māmālie kae kei fuopotopoto pe.

At the end of the day in the mango season the old lady of the house would ask one of the kids to get up the tree and shake down a few mangoes and we'd have a 'otai. Or just eat them among ourselves. Great way to end the afternoon.

Taimi e ni'ihi 'osi 'emau mapū, kapau 'oku kei fua lahi pe fu'u mangō, fa'a 'asi mai e fine'eiki 'oe 'api 'o talamai ke kaka ha taha 'o lulu'i hifo ha fo'i mango kemau kai pe koe ngāhi 'aki ha'amau 'otai. 'Osi ia mau toki mātuku ki hono 'api. Tō atu!

Part 2: Marbles

Konga hono Uā: Mapu

We used to live at Mu'a when I was little and my Dad was working there as the responsible doctor for the Hahake district and that's where I first learned to play with the likes of the Kefu and Feliha'a kids and other guys, relatives of my Dad actually.

Na'amau nofo 'i Mu'a 'ihe 'eku kei si'ī he na'e ngāue 'eku tangata'eiki koe toketā kihe vahe Hahakē pea kamata ai 'eku kau he mapū moe kau leka pe ai 'a Kefu, Feliha'a moe kua leka kehe pe koe famili pe 'o 'eku tangata'eikī.

We had a lot of fun there I remember and later too when we moved to Hihifo when my Dad got posted there. The marbles we mainly used were the glass ones, similar to the ones used overseas. These were a couple of centimetres across. Then there were the bigger ones about 3 centimetres that were valued at 4 of the small ones. We called these pāluna or balloon, but we never used them while we are playing with the smallest ones because they were so easily chipped and broken.

Fakalata 'emau nofo 'i Mu'ā kae 'osi pe ha ngāhi ta'u si'i pea mau hiki ki Hihifo he ngāue 'ae tangata'eikī. Mau mapu 'aki pe mapu sio'ata kalasi tatau pe moe mapu sio'ata 'oku va'inga'aki 'i mulī. Mahalo pe koe senitimita e 2 taiamita. Pea 'iai moe ngāhi fo'i mapu fōlalahi na'e ui koe pāluna mahalo pe koe senitimita e 3 taiamitā pea na'e tatau ia moe fo'i mapu e 4 'oe kalasi fō iikī. 'Ikai fu'u lahi hono ngaue'aki he 'oku nau mafahifahi ngofua.

The little ones were the most popular because they were easy to get and they last a long time and they also look pretty with flowery flecks of colour trapped inside. The pāluna were the same. You'd feel very proud having these very flowery glass marbles especially the big ones.

Manakoa taha pe fanga ki'i mapu fō iikī pea tolonga. Toe faka'ofo'ofa e fanga ki'i matala'i'akau 'i lotō pea toe ma'u ngofua foki. Sai 'aupito moe pālunā pea faka'amu e taha kotoa ke 'iai mai ha'ane fo'i mapu pehē.

We also had those marbles we called mapu lei. These were hard like stone and they came in dark colours, sort of brownish and blueish. A few were yellow. They were a kind of stone covered with what I think was a kind of enamel. They came in different sizes too. The smallest was much the same size as the small glass marbles and it was valued at 5 of them. Then there was a 10, a 15, a 20 and the largest was a 25 which was much the same size of the glass balloon marble.

Na'e iai foki moe mapu lei, koe mapu maka eni pea na'e iai e lanu palauni, pūlū moe melomelo. Koe maka ka na'e kofu'aki 'ae vali fefeka 'aupito (enamel). Nau ha'u kalasi kehekehe. Koe fō iiki na'e tatau pe moe mapu sio'atā fō iikī, ka na'e mahu'inga tatau ia moe fo'i sio'ata e 5. 'Iai moe 10, 15, 20 moe 25. Koe 25 na'e meimei fō tatau pe moe pāluna sio'atā.

Of course long before the Europeans brought their glass and stone marbles, the mapu lei, the locals played with hard shell nut fruits like the tuitui, feta'u, fotulona and talatala'amoa. I think that using nut fruits has died out now in most places on Tongatapu, but we used them a lot in the 1950s and 1960s.

Kimu'a pea ha'u e kau pālangī moe mapu so'atā moe mapu leī, na'e 'osi va'inga 'aki pe 'ehe kakaī ia e ngāhi fua'i 'akau hangē koe tuitui, feta'u, fotulona moe talatala'amoā. 'Ikai toe fa'a mapu 'aki 'ae ngāhi fua'i 'akau ni 'i Tongatapu ka na'e lahi hono va'inga 'aki 'ihe 1950 moe 1960.

The tuitui was no longer in use even when I was a child. The feta'u is the fruit of the feta'u tree and you pick them when they are mature but still green. They are much the same size as a balloon glass marble.

They hang in bunches with some 10-15 fruits in a bunch with about half of them fairly round and the rest kind of oval shape. You get a kid to climb up and shake them down. The fruit is 2-3 cm round with an outer skin. We'd peel the skin off with our teeth to expose the hard shell of the nut which is quite round and smooth. That's why we used them. It was the simplest and easiest mapu to get.

Na'e 'ikai toe ngāue 'aki e tuitui 'i homau taimī. Koe mapu feta'ū koe fua ia 'oe 'akau koe feta'u pea mau toli eni he taimi kuo nau motu'a ai ka 'oku nau kei tautau pe he fu'u feta'ū. Koe taunga mahalo koe fo'i feta'u e 10-15, fōlahi tatau pe moe pālunā. Fekau ha leka ke kaka 'o lulu hifo e fuā pea mau 'esi leva e kili tu'a katoa kae 'asi mai 'e fo'i mapu feta'u nge'esi fefeka pea sai kihe mapū. Koe kalasi mapu faingofua taha eni hono ma'ū.

But they have a limited life. As the nuts dry out, they become light and the kernel inside shrinks and comes loose, rattling about when you use them. So you replace them as you go.

Kae pangō koe 'ene 'osi pe ha ngāhi uike kuo nau mōmoa pea mingi e fo'i fua 'i lotō 'o ngalulu pea 'ikai loko sai hono mapu 'akī. Ko 'enau kovi pe pea mau toli hifo ha mapu fo'ou 'o hoko atu 'aki e va'ingā.

We had a couple of huge feta'u trees at our home in Ha'avakatolo, and we used to harvest fruits ourselves with a couple of the neighbourhood kids climbing up to shake a few down. If there were 5 of us kids we might get 80-100 or so done in an hour. Then we'd gather them up and peel off the skin with our teeth. And then use them pretty much straight away. And they would last 4 or 6 weeks.

Na'e 'iai e ongo fu'u feta'u lalahi 'aupito 'i homau 'apī 'i Ha'avakatolo pea na'a mau toli pe 'emautolu. Kaka ha ongo leka 'o lulu hifo e fuā pea mau tanaki pe 'omau nofo hifo 'o 'esi e kilī. Mahalo koha fo'i mapu feta'u e 80-100 'iha houa pe taha nai. 'Osi pe hono 'esī kuo mōmoa fe'unga ia ke ngaue'aki. Fe'unga eni moha uike e 4 pe 6 nai pea toki li'aki.

A more prestigious or valuable type of fruit was the fotulona. These marbles last a long, long time. They are little black fruit from the big fotulona trees that grew around the mudflats, the toafa in most villages. You just pick them off the ground and the outer skin will already have dried and fallen off. If not, you just knock off the remaining skin and you have very nice round marbles much the same size as a small glass marble. They are all black, beautiful little things and amazingly they all were about the same size and almost perfectly round. Very nice to play with.

Kalasi mapu toe sai ange koe fua'i fotulonā. Mapu tolonga 'aupito. Koe fua eni 'oe 'akau koe fotulona pea 'oku nau tupu he oloolo 'oe ngāhi matātahi toafā. Mau o pe 'o tufi he lalo 'akau kuo 'osi momoa pea ngangana e kilī ia pea ka 'ikai pea te toki 'esi'i faka'osi. 'Osi ia, ma'u leva 'ete mapu fotulona. Fanga ki'i fo'i mapu lanu 'uli'uli, fōlelei mo faka'ofo'ofa. Folahi tatau pe moe mapu sio'ata fō iikī. Sai fe'unga 'aupito kihe mapū.

Fotulona are about half the weight of a glass marble and we would sometimes include them in a glass marble game. But because of their light weight they tend to roll off too easily when they are hit. And they don't have a big effect on the marbles in the centre pile when they are used as a king. However, they can last a very long time and they don't break or chip like the glass marbles.

Koe mapu fotulonā 'oku ma'ama'a ange ia he mapu sio'atā, mahalo kihe vaeua pe. Pea koe'uhi ko 'ene ma'ama'a, 'oku faingofua 'enau teka he taimi 'oku tau ai ha fana 'ia nautolu. Me'a tatau pe, pea 'ikai leva ke ngāue 'aki koha mapu toa. Kaekehe koe kalasi mapu tolonga 'aupito eni he 'oku 'ikai kenau mafahifahi pe masolisoli ngofua hangē koe mapu sio'atā.

If you lose them, you just take a friend and visit the fotulona trees and look for some more underneath. But you have to walk out to the mudflats to where the trees are and remember there'd be competition from other kids too as everyone wants these marbles. If you find a good crop of them you can use them for all your playing life as they last forever. Unless other kids find your hiding places of course!

Kapau e mole 'ete mapu, te 'alu pe mo ha taha e kau lekā kihe 'ulu 'akaū 'o kumikumi holo ai. Koe me'ā pe foki kuo pau ke mo ō kihe matā toafā kihe 'ulu fotulonā. Manatu'i 'oku 'ikai ko kimoua pe 'oku fiema'u mapū. Pea kapau e lahi ho'omo tufi fotulonā temo fe'unga ai pe kimoua kihe 'osi ho'omo fiemapū. Tukukehe pe foki ke 'oua 'e 'ilo'i 'e homo fanga tokouā ho'omo feitu'u fufū'angā.

Nowadays however the fotulona trees are hardly there because everyone has cut them down for various reasons, fuel and whatever. The wood of the tree is very hard, like the fehi tree, so it's very useful and people just cut them down. I never cut one down or any of my family but other people did and so they just disappeared, sadly. At least in Tongatapu. Maybe you can still find them in other islands.

Koe ngāhi 'aho ni kuo mei 'osi e 'otu fotulonā ia hono tā 'ehe kakaī ke fefie 'aki pe koha 'uhinga kehe. Koe 'akau fefeka 'aupito 'e fotulona, kalasi 'oe fehī. 'Akau lahi hono 'aongā pea lahi ai hono tā ki he me'a kehekehe. Te'eki kemau tā ha fu'u fotulona ka 'oku tā pe 'ehe kakaī he 'oku vave 'enau 'osi 'i Tongatapū, tukukehe kihe ngāhi motu kehē.

Then there is the other fruit, the talatala'amoa. This bush is much like a rose and not a tree like the feta'u or fotulona but has very prickly leaves so you have to protect your hand to pick them. No one had a glove of course so we made ourselves some protection with whatever we can find so we can reach into the shrub and grab a bunch of fruits. The prickles are hard, with a hook at the end, like roses but worse. They're quite short, only about a centimetre long, but oh boy the hook at the end is very, very sharp. I've never picked any myself but I've seen them because people used the leaves with the hooks to make flying fox catching poles. Very prickly.

'Iai foki moe fua 'oe talatala'amoā pea na'a mau mapu 'aki moia. Koe 'akau koeni 'oku hangē pe ha losē 'o 'ikai lalahi hangē koe feta'ū pe koe fotulonā, kae fonu talatala e kalava 'oe lau. 'Ikai foki ha kofunima pea te tokanga pe mo fakaalaala kate feinga atu kiha taunga 'o paki'i pea to'o mai. Taimi ni'ihi nau takai ha me'a pe ke malu'i'aki honau nimā. Fanga ki'i talatala iiki ka koe hau e masilā. Te'eki keu toli 'e au ka kou 'osi sio he laū moe talatalā he 'oku ngāue 'aki eni ki hono ngāhi 'aki e 'akau heu pekā. Koe tōatu 'ene talatala'iā.

The talatala'amoa bunches are big, with 30 or more fruits on each one and there would be several on a plant. Every fruit has a little bit of yellow at one end where it connects to the bunch but otherwise is a light cream colour. But the only thing is that the nuts are slightly oval, not like a peanut but still oval, and not round like a glass marble or a fotulona which you'd think is ready made for playing marbles.

Ko ha taunga talatala'amoa e taha mahalo 'oku 'iai ha fo'i fua e 30 pe lahi ange pea 'oku 'ikai koe taunga pe taha kihe fu'u 'akau. Koe fo'i fuā 'oku lanu kilimi pea moe ki'i takai engeenga si'isi'i pe he piki'anga 'oe fo'i fuā kihe taungā. Koe mele pe 'oe talatala'amoā 'oku 'ikai ke fuopotopoto lelei hangē koe fotulonā pe koe mapu sio'atā neongo 'oku 'ikai fōlipa 'aupito hangē ha fo'i pīnatī. Koe fotulonā ia 'oku hangē na'e ngāohi pe ia ke mapu 'aki.

They are worth 1 each, same as the fotulona and the glass marbles. We'd give the ones we didn't want, typically those that were too oval, to the younger kids to play with.

Koe mapu talatala'amoā, fotulonā moe sio'ata fō iikī, nau mahu'inga tatau kotoa pe. Koe talatala'amoa fōlipa 'oku 'ikai kemau mapu 'akī, mau 'oange ia kihe kau leka iiki kenau va'inga 'aki.

When you play you don't use a glass marble as your king if you're playing with the fotulona or the talatala'amoa because the glass marble is considerably heavier. If you use glass as kings with fotulona in the middle, you can shoot all the marbles out with one shot because of the weight difference. You play same with same. So if you're playing with talatala'amoa you'd have your king a talatala'amoa as well.

Taimi 'oku mau mapu aī 'oku 'ikai kemau toa 'aki e mapu sio'atā kapau koe fotulona pe talatala'amoa 'oku 'i lotō. 'Uhingā pe koe mamafa kehe ange 'ae mapu sio'atā. Kapau temau toa sio'ata ka koe fotulona 'oku 'i lotō, 'e lava pe kete fana'i pe 'e kita 'o tau lelei pea 'alu kotoa e mapū ia ki tu'a koe'uhi pe ko 'enau mamafa kehekehē. Koia ai koe mapu toā tenau tatau pe moe mapu 'oku 'i lotō.

We used the same rules whatever marbles we played with. However, the size and weight of different types meant that we used different techniques to shoot our king marbles. Feta'u marbles are large, so we used a style of play called flipping or fesi to shoot our kings, using the middle finger. With glass marbles we used the same technique as we did with other small nuts, flicking them with the thumb, or fana kele.

Koe founga va'ingā 'oku tatau pe ki ha fa'ahinga mapu. Koe faikehekehē pe he founga fana'i 'oe toā. Koe feta'ū 'oku nau fu'u fō lalahi pea mau ngāue 'aki 'ae founga fana koe fesi, 'o fana'ī 'aki hoto tuhu lotolotō. Koe founga fana'i 'oe mapu sio'atā pe koe fotulonā moe talatala'amoā koe'uhi ko 'enau fōiikī, 'oku ui ia koe fana kele, pea 'oku fana'i 'aki hoto motu'a nimā.

The glass marbles we played with looked very much the same as the ones kids play with now in Tonga as well as overseas. They are clear glass with a fleck of differing colours in the centre, kind of flowery. Balloon marbles are bigger with the same basic design but they are more difficult to handle and crack relatively easily. So we didn't play with them very often. If you put one into the game you risked it being damaged by someone's king marble, so most of us just kept them for show. It was mainly the kids with relatives living overseas who had them.

Koe mapu sio'ata na'amau va'inga 'akī koe kalasi tatau pe 'oku va'inga 'aki ihe lolotonga ni 'i Tongā mo muli foki. Koe fo'i sio'ata pe moe ki'i matala'i 'akau nai fakalanulanu 'ihe loto fo'i mapū. Koe mapu pālunā koe kalasi tatau pe kae toe fōlahi ange. 'Ikai kemau fa'a ngāue 'aki koe faingata'a hono fana 'akī, pea toe taka mafahifahi ngofua foki. Koia nemau taki taha tuku pe 'ene fo'i mapū koe fakahāhā pe kae 'ikai mapu 'aki. Meimei koe kau leka pe 'oku 'iai hanau famili 'i muli 'oku 'iai ha'anau mapu pāluna.

We would buy our glass marbles from the village store. The shopkeeper would keep them loose in a clear glass jar behind the counter and you'd ask for a penny's worth. The clear jar is more than a good advertisement as kids would stare at all those marbles whenever they went into the shop. Just like we would buy sweets. If you were lucky enough to have a threepence or a sixpence then you could get more. We had to take what the shopkeeper gave us, but every so often we'd be lucky and get one that was especially pretty or had an unusual colour. We treasured those and often made them our king marbles.

Mau fakatau pe 'emau mapū meihe fanga ki'i fale koloa he tukui kolō. Fakafonu pe 'ehe tauhi koloa 'ae mapū 'iha siā sio'ata 'o tuku pe 'imui he kānitā pea te 'alu atu pe 'o kole ha'ate mapu peni e taha. Hangē pe ha'ate fakatau lolē. 'Ikai toe hela tu'uaki ia ko'ete hu atu pe kihe fale koloa 'o sio hangatonu atu pe kihe fu'u hina mapū. Toe lahi ange foki kapau koe mapu peni tolu pe peni ono. Te fai 'aki pe mapu 'e 'omai 'ehe faifakataū pea ka 'iai ha fo'i mapu ai 'e ki'i lanu kehe mei hono toe pea te fili ia kete toa 'aki.

But a lot of families couldn't afford to buy glass marbles and kids had no pocket money of their own. So some kids devised tricks to get coins from their old aunties or grandmothers. These old ladies would often wrap their spare coins in a knot of their skirt or blouse to keep them safe. If they took a nap in the afternoon, it was sometimes quite easy for a little kid to creep up beside them and untwist the cloth to get a coin out. Looking back I imagine many aunties slept with one eye open, having a little laugh to themselves.

Lahi e ngāhi famili nau faingata'a'ia fakapa'anga pea matu'aki hala 'aupito pe kau lekā ia ha peni taha. Fa'a hanga 'ehe kau fine'eikī 'o 'ai 'enau pa'anga makā 'o nono'o ha fo'i fakapona 'i honau tapa'i kofū pe koe tupenū. Koe taimi pe ha'a nau ki'i kui hifo 'o malōlō he efiafī, tolotolo atu ha leka 'o tokoto ofi atu kiai. Lototonga si'i mā'u mohe 'ae fine'eikī kuo hanga 'ehe lekā ia 'o vete'i e fo'i fakapona pa'anga 'o to'o hano 'inasi pea ne toki toe fakapona'i pe pea 'alu ia 'o fakatau mapu 'aki pe kai lole. Kou fa'a fakaukau kiai peau pehē, mahalo ne 'osi 'ilo'i pe 'ehe kau fine'eikī ia ka nau si'i tukunoa'i pe!

Part 3: Playing the Game

Konga hono Tolū: Koe Va'inga Mapū

Every player has a king marble acceptable to all as well as some to contribute to the centre pile in a game. The king will typically look like all the other marbles you have, same size and colouring. But you will know it, including any unique marks or scratches it might have on it.

Koe tokotaha kotoape kuopau ke 'iai ha'ane fo'i toa pea ke loto lelei kiai e kau va'ingā pea ke 'iai foki mo ha'ane mapu ke kau 'aki. Koe toā 'oku nau tatau pe moe mapu 'oku nau va'inga 'akī. Takitaha 'ilo pe 'ene toa.

The king is your shooting marble, aiming either to knock another person's king outside the ring or to knock marbles from the centre pile outside the ring to win them.

Koe toā, koe fo'i mapu ia 'oku ke fana 'akī. Fana 'aki e mapu toa 'ae kau leka koē pe koe mapu he loto lainē.

You win marbles by shooting them out of the ring from the centre pile or shoot out all the other's kings out of the ring if they are there. In that case you win the game and all the marbles in the ring.

Koe mapu kotoape teke fana'i kitu'a teke ma'u ia 'e koe pea ngofua pe keke fana'i moha ngāhi toa 'oku 'i lotō, pea kapau koe kotoa ia 'oe ngāhi toā 'o nau mate kotoa pea teke ma'u kotoa leva 'e koe 'ae mapu 'oku toe 'i lotō.

If you have played your king into the ring, it will remain there while the others have their turns. If it gets knocked out of the ring at any time by another player then you are out of the game. The others will carry on.

Kapau teke fana pea piki ho'o toā 'i loto, teke tali aipe ke 'osi e takaī. Pea kapau 'e fana'i ho'o toā kitu'a 'eha taha e kau va'ingā pea teke mate koe. Hoko atu pe kau leka ia 'oku toē.

A match starts once everyone has put their marbles into the middle pile and shot their kings across the circle to determine the playing order. Then we begin with everyone taking a turn to shoot at the pile. The marbles scatter of course, but we keep on taking turns until someone succeeds in shooting one out of the circle.

Mau kamata pe he 'osi 'emau fokotu'utu'u e mapū kihe loto siakalē, mau lī pea mau kamata leva meihe 'uluakī 'o hokohoko pehē aipē. Mau fana tahataha pe kae 'oua kuo 'alu ha fo'i taha ki tu'a laine.

The lucky player wins that marble and can continue shooting as long as each of their shots knocks a marble outside the circle. These are all won by the shooter. If you are good enough you can clean up all the marbles in the centre one after another and win the game. We called that tepu tepu.

Ma'u 'e kita e fo'i mapu koia pea ngofua leva kete toe fana pea kapau tete fana'i 'o 'alu ki tu'a ha toe fo'i mapu 'e ngofua leva kete hokohoko fana pe kita ke 'osi kotoa e mapū ki tu'a kapau 'oku te poto fe'unga. Pea te ma'u kotoa 'e kita e mapu kotoa koiā. 'Oku ui eni koe tepu tepu.

But if your shot doesn't succeed in knocking a marble out, you lose your turn. However, once someone has shot one out of the circle, you have the choice to play near or ofi. You just have a wee shot with your king to make sure it is hidden amongst those still in the middle and not exposed to the other players. Because everyone else can try to shoot your king out of the circle and eliminate you from the game.

Kapau tete fana pea hala, pea te 'osi kita kae hoko mai e tama e taha. Ka kapau tete fana 'o 'alu ha fo'i taha ki tu'a pea 'e ngofua pe kete ofi. Koe 'ete ki'i fana si'isi'i pe ke 'alu 'ete fo'i toā 'o ofiofi atu kihe tu'unga mapū, 'o te tali ke 'osi e takaī pea te toki toe fana leva ka kuo te ofi. Te tokanga pe kihe 'ete fo'i toā na'a fu'u tekelei pea faingofua hano fana'i kita ki tu'a pea te mate ai.

But if you are good enough, you can clean up the lot while you were in there. Much like what one does in a game of snooker. You keep all the marble that you may have shot out except for the others' kings.

Ka kapau na'ake poto fe'unga na'e mei lava pe keke fana kotoa 'e koe 'ae mapū lolotonga ho'o 'i lotō. Hangē pe koe va'inga sunukā. Ma'u 'e koe 'ae mapu kotoa na'ake fana ki tu'ā tuku kehe pe 'ae mapu toa 'ae kau tama koē.

There is a trick to holding the king marble in a shooting position and you can practise this if you have a marble handy.

• Hold your fist out, thumb on the top and all fingers closed.

• Extend the pointer/index finger halfway to expose the middle finger.

• Move your thumb just below the middle finger with the nail half exposed.

• Place your king marble on top of your thumb nail.

- Move your index finger back to hold the marble against it and your thumb.

- Tension your thumb and it's ready to shoot.

- Place your knuckles flat on the ground pointing away from you.

Simultaneously flick your thumb out as you drop your index finger down and the marble will be shot across the room at speed for some distance.

'Oku 'i ai hono founga 'oe puke 'ete fo'i mapu toā, pea ka 'oku 'i ai ha'o fo'i mapu hena mahalo na'a sai keke ki'i 'ahi'ahi fana.

- Puke hake ho nimā, moho motu'a nimā taupotu ki 'olunga, pea kuku mai hono toe ho louhi'i nimā.

- Tukuange atu ho fo'i tuhu 'uluaki ke 'asi hake 'ae fo'i tuhu lotomaliē.

- 'Ohifo ho motu'a nimā ki lalo 'iho tuhu lotomaliē pea ke 'asi hake pe ha konga 'oe ngē'esi nima ho motu'a nimā.

- Hili ho'o fo'i mapu toā 'i 'olunga ho ngē'esi nimā.

- 'Unuaki'i mai ho tuhu 'uluaki kene puke 'ae fo'i mapū pea mo ho motu'a nimā.

- Fakafefeka ho motu'a nimā pea 'oku māu leva 'o teuteu ke fana.

- Tuku hifo ho tukē ke tau kihe falikí pea ke hanga atu e fo'i toā mama'o meia koe.

Fisi'i mālohi 'aupito ho motu'a nimā he taimi tatau pe mo ho'o tukuange atu ho tuhu 'uluakí pea teke sio kihe fana'i atu e fo'i mapū kihe mama'ō.

Take care as to where you point the marble when shooting it as it may cause injury or damage.

Tokanga pe ho'o fanā na'a lavea ha taha pe maumau ha me'a.

Part 4: Little Kids Games

Konga hono Fā: Mapu 'ae kau leka iikī.

Marbles can be played at any age though in Tonga it's been mainly played by boys and teenagers. Little kids will often sit around the ring watching the games and helping their older brothers or cousins to retrieve any marbles they've shot outside the ring.

Koe mapū 'i Tonga 'oku meimei koe to'utupu tangatā pe 'oku nau va'ingā, neongo 'oku 'atā pe kiha taha pe 'e fie va'inga. Kau leka e ni'ihi nau sai'ia pe nautolu he mamata pe he mapu 'ae kau tama lalahī. Pe koe tanaki mapu ma'ae kau va'ingā.

When I was growing up, the game to play was this circle one played outside but there were other versions of the game we knew about as well. One, mapu paka, was played using a triangle about 30-40 cm a side, not a circle and had its own rules. It wasn't very popular amongst us boys at the time and we hardly ever played it.

'I homau taimī koe mapu manakoa na'e fai he ngāhi fu'u siakale lalahī. Na'e 'iai e fa'ahinga mapu e taha na'e ui koe 'mapu paka'. Na'e fai ia he laine tapatolu mahalo pe kihe senitimita e 30-40 pea 'iai pe mo hono lao va'inga kehe pe 'ona. Kou sio pe ai ka na'e 'ikai kemau fa'a va'inga pehē.

I understand that kids in Tonga now play mapu paka everywhere and especially at school, so it's probably now the most popular marble game. Perhaps this is because you can play it in many different places and in smaller spaces than the circle marble game.

Kou fanongo ai koe mapu pakā 'oku manakoa taha he taimi nī, tautautefito kihe ngāhi ako'angā. Kou tui koe 'uhingā pe koe lava kenau va'inga ha ki'i feitu'u si'isi'i pe.

Younger kids, for instance young primary schoolers, may choose to play another version of the game called 'dropping the marble,' mapu fakatō. This game uses a much smaller circle about 30 cm across with a maximum of about five players. The players shoot their kings standing up. Like the older kids, each player contributes the same number of marbles to the centre of the circle. The playing order is decided by each player holding their king marble close to an eye for sighting purposes while standing, then dropping it to the line that defines the ring. The player whose king lands closest to the line goes first, and the others follow.

Koe kau leka iiki hifō tau pehē koe ta'u nima ki he ta'u valu 'oku nau fa'a va'inga kinautolu 'aki 'ae founga e taha koe 'mapu fakatō.' 'Oku te tu'u hangatonu pe kita pea 'oku fai eni ia 'ihe fanga ki'i siakale iiki mahalo pe kihe senitimita pe e 30 taiamita pea fa'a va'inga pe ha toko ua kihe toko nima. Nau vakai pe tenau taki fiha pea tuku kotoa ki lotomālie. Koe founga 'enau fakahokohokō tenau tu'u hangatonu pe 'o lī 'enau mapu toā 'aki 'ete puke 'ete fo'i mapū ofi ki hoto fo'i mata e taha 'o faka'ata 'aki pea te fakatōki leva 'ete fo'i mapū kihe laine 'oe siakalē pea koia pe 'e ofi tahā pea 'e 'uluaki ia pea toki hokohoko atu mei ai.

The aim of the game is to knock all the marbles in the centre pile from the circle by dropping your king marble on to the pile. If you hit them at the correct angle, the ones on the ground will move and hopefully out of the circle at which point that player will keep that one. And on it goes till you miss and the next player has a go. There is no shooting with the fingers because little kids typically don't have the strength needed to do this. Although it is quite a simple game, there can sometimes be arguments and disagreements among the players. But the marbles themselves are well guarded, often by an older kid, or other young ones who aren't playing in that particular game, so there is little chance for a tili event. No opportunistic snatcher will run off with the pile.

Koe taumu'a 'oe va'ingā ko 'ete feinga ke fakatōki 'ete fo'i mapu toā ke tau teputepu kiha fo'i mapu pe he siakalē ke lava ai ke ngaue 'o tō ki tu'a laine. Pea ka hoko ia pea tete ma'u 'e kita e fo'i mapu koiā pea te toe hoko atu pe. Ko 'ete hala pe pea hoko mai leva e taha kehe. 'Oku ikai ke fai ha fana ia heni hangē koe mapu 'ae tamaiki lalahi. Neongo 'oku fa'a fai pe 'ae fakafekihi moe fakatonutonu ka 'oku 'ikai hoko ha tili ia he mapu koeni he 'oku nau tu'u kotoa pe ai 'o tokanga'i 'enau mapū.

Tuli toa was the other version. It was probably the most fun. Everyone played, including girls. It's a chasing game with marbles. Needs only two players, each with a marble and take turns to throw it at the other player's one, trying to hit it but making sure that they don't end up too close if they miss. The winner is the person whose throw makes their king kiss or tap the other player's. You can decide what the winner will get – for instance if I hit your king, then you owe me one glass marble. Or even you have to give me your king, though that's not very likely. Often there's no prize at all. You just keep playing game after game and keep score, who wins most often.

Koe kalasi mapu e tahā koe 'tuli toa'. Mahalo koe mapu ma'u'anga fiefia tahā eni. Va'inga ha taha pe, tamaiki lalahi, iiki, tangata pe fefine ha taha pe. Fiema'u pe ha toko ua mo ha'ana fo'i mapu taki taha.

Koe founga va'ingā koe lī 'ehe tokotaha 'ene fo'i mapū kiha fa'ahinga loloa pe. Pea lī 'ehe taha koē ene fo'i mapū ke tau he fo'i mapu 'a hono hoa va'ingā. Pea na felī'aki pehe pe kae 'oua kuo tau e ongo fo'i mapū pea mālohi leva e taha na'e lī fakamuimuī . Na 'osi felotoi pe 'e 'iai ha pale pe koe va'inga pe.

Anyone can play, anywhere. Inside the house, on a spare bit of ground, on the grass. The little kiddies play it a lot, by themselves, running around on the grass, chasing each other around for fun. Sometimes in the marble season you'd see the little kids chasing each other, throwing their marbles, around about the mango tree where us boys were playing. Some of the older girls would play tuli toa too. They weren't allowed to join us boys of course in our games, that was one of the traditional ways that boys and girls kept their distance from each other in village life as we all were growing up. Great fun.

'Atā ki ha taha pe 'e fie va'inga. Ha feitu'u pe, 'i fale, 'i tu'a, he kelekelē, he musiē. Te sio atu kihe kau lekā 'enau lele takai holo he tuli toā. Kau atu ai moe tamaiki fefine lalahi e ni'ihi he 'oku 'ikai ngofua kenau mapu fakataha mo mautolu tamaiki tangata lalahi, 'ihe anga fakafonuā. Kau atu ai pe moe kau leka tangata e ni'ihi. Ma'u enau fiefiā.

Part 5: Setting up a marble match

Konga hono Nimā: Teuteu ha'a mou va'inga mapu

If you want to set up a game of marbles, this is what you do:

• Find a suitable place that is flat and big enough.

• Decide on the size of the circle and use a stick to draw up the circle on the ground.

• Decide on the number of players, usually 2-6.

• Agree how many marbles players will each contribute to the centre pile. This can vary from match to match.

• Each player places their contribution to the pile in middle of the circle.

Kapau temou fie va'inga mapu, koe ngāhi founga maheni eni pe koe lao 'oku fai 'aki 'ae va'ingā:

• Kumi ha feitu'u kemou va'inga ai.

• Koe ha e lahi 'oe siakalē pea tā e lainē he kelekelē.

• Koe toko fiha 'e kau he va'ingā, lava pe ke toko ua kihe toko ono nai.

• Vakai pe temou taki fiha he fo'i takai koenī he 'oku mafulifuli pe he takai taki taha.

• Nau fokotu'u 'enau mapū he lotomālie 'oe siakale va'ingā.

Determine the order of play. This is done by all players standing behind the circle in the same location and throwing their kings to the opposite end. The player who gets closest to the line will go first and the rest will follow.

Vakai e fakahokohokō pe kohai e 'uluaki, ua mo fai atu. Tenau tu'u 'i tu'a laine kotoa pea nau taki tahā lī 'ene fo'i mapu toā kihe tafa'aki laine mama'o taha, pea koia pe 'e ofi taha kihe lainē pea koia 'e 'uluaki fanā pea toki hokohoko atu hono toē.

Only one player is permitted to play at any one time. The first player begins by shooting from anywhere on the circle line, placing his knuckle on the line and not above it and shooting at the pile of marbles in the middle. Hopefully knocking one or more out. If the player knocks a marble out of the circle, he may continue shooting for as long as he can shoot a marble out with every shot. His shooting position is where his king marble is in the circle. If he fails, his turn finishes and the next player comes on. The rest of the players may either shoot at the marbles or try to shoot your king marble out. If they are successful shooting out your king you will be out of the game but able to keep the marbles that you may have already shot out.

Koe toko taha pe 'oku ngofua ke fana 'i hono taimī pe. 'Oku ngofua kete fana meiha feitu'u pe 'oe laine mapū. Kuopau ke tau hoto tukē kihe lainē, tu'uma'u 'o 'ikai mavahe hake pea te toki fana'i leva 'ae fokotu'unga mapu 'i loto lainē. Pea kapau 'e tau pea 'alu ki tu'a ha fo'i mapu e taha pe ua pea tete toe hoko atu pe. Tete kei mo'ui pe kapau tete lava 'o fana'i ha fo'i mapu ki tu'a 'ihe taimi kotoa pe 'oku te fana ai. Ko 'ete fana pe 'o hala tete 'osi kita pea hoko mai e tama e taha. 'Oku ngofua pe kiha taha kene fana kihe mapū pe ko ha fo'i toa pe 'oku 'i loto. Kapau 'e fana'i ho'o fo'i toā 'o 'alu ki tu'a pea teke mate leva koe, ka teke kei ma'u pe 'e koe ha mapu na'ake 'osi fana ki tu'ā.

A player may choose to use his turn to throw his king marble closer to the pile and wait there till his turn comes round again and he can shoot the pile from a much closer position. The trouble with this is that everyone else can try to shoot you out and if successful you will be out of the game altogether. Once all the marbles in the pile have been shot out, the game ends and a new one may start.

'Oku ngofua pe kete lī ofi 'ete fo'i toā kihe fokotu'unga mapū 'o tali ai ke 'osi e takaī pea te toki fana ofi ange ai. 'E feinga foki e kau va'ingā ia ke nau fana'i ho'o fo'i toā ki tu'a pea kapau tenau lava pea teke mate leva koe. Koe 'ene 'osi kātoa pe 'ae mapū hono fana ki tu'ā, koe 'osi ia 'ae takaī pea kamata leva ha takai fo'ou.

Find a friend and enjoy a game.

Kumi ha taha kemo va'inga.

The Writer

Tokotaha Fa'u Tohī

Sione Tapani Mangisi was born in Niua when his father Dr Sione Mangisi, was working there as its medical officer. He spent his early childhood in Mu'a, before the family moved to Kolovai then to Ha'avakatolo in Hihifo. His primary schooling was at Kolovai before he won a place at Tonga High School in 1960, finishing in 1965.

Na'e fanau'i 'a Sione Tapani Mangisi 'i Niua lolotonga 'ae ngāue fakatoketā ai 'ene tangata'eiki ko Sione Mangisi. Nau hiki mei ai ki Mu'a, Kolovai pea toki Ha'avakatolo. Kamata ai e ako teu 'a Tapanī 'i Kolovai pea toki hoko atu ki he Ako Ma'olunga 'o Tongā mei he 1960 ki he 1965.

When Tapani was 17 he left Tonga for New Zealand, one of several small groups of young people who were awarded places in apprenticeship and training programmes in New Zealand in 1966. He qualified for his Advanced Trade Certificate in Refrigeration and Air Conditioning and his Electrical Certificate before returning to Tonga in 1971. He worked on the MV Tauloto 1, a Tongan ship trading between Tonga, Australia, New Zealand, Fiji and Samoa as Chief Refrigeration Officer. He also holds a

Bachelor's Degree in Social Science from Deakin University in Australia.

'I hono ta'u 17 na'e 'alu ai 'a Tapani ki Nu'usila moe fa'ahinga kehe pe, koe kau ako ngāue ma'ae fonuā ihe 1966. 'Osi 'ae akō pea ne foki ki Tonga he 'osi e 1971. Ngāue he vaka koe Tauloto 1, koe 'Enisinia Pule he naunau 'aisī. Folau mei Tonga, 'Aositelēlia, Nu'usila, Fisi, Ha'amoa, mo Tonga. Toki ma'u hono BA kimui ange mei Deakin University 'i 'Aositelēlia.

He returned to New Zealand in 1973 and was married to Irene Webley in 1976. The couple travelled to Australia in 1977 and have lived there ever since until his retirement in 2013. Tapani worked in construction as a senior project manager in building services and had the privilege of working on many of Australia's most important buildings, including the new Parliament House in Canberra, Federation Square and the State Library in Melbourne and the new Griffith University Hospital in Southport Queensland. His job took him to projects in Vietnam and Christmas Island as well as to many other places in Australia.

'Ihe 1973 na'e foki ai 'a Tapani ki Nu'usila pea mali ai mo Irene Webley he 1976. Na hiki ki Melipoane he 1977 pea 'oku na kei 'iai pe 'o a'u kihe 'ene maōlō meihe 'ene ngāue 'ihe 2013. Na'e ngāue 'a Tapani koe taki ngāue 'ihe ngāhi langa lalahi taha 'i 'Aositelēlia hangē koe Falealea fakafonuā 'i

Kenipela, ngāue lalahi 'i Melipoane, Kuinisilani, Vietinami moe ngāhi feitu'u kehe foki.

Tapani's parents are Mele Inu ki Ha'angana Mataele from Neiafu, Vava'u and Dr Sione Mangisi of Ha'avakatolo.

Koe 'ene ongo matu'ā ko Mele Inu ki Ha'angana Mataele mei Neiafu Vava'u pea mo Dr Sione Mangisi MD mei Ha'avakatolo.

The Illustrator

Tokotaha Tā Fakatātaā

Elizabeth Paris Cocker is one of my granddaughters who I used to pick up from her local primary school. And we would have afternoon tea at my place before I take her home to hers. One day in April 2019 after I had started the first draft of this book I talked to Elli Paris about it as she was having her usual afternoon tea and suggested that maybe she might like to do a drawing for me to look at. She is a prolific drawer.

Koe taha hoku fanga ki'i mokopunā 'oku ui ko 'Ilisapesi Pālesi Cocker pea na'aku fa'a 'alu 'o 'omi meihe akō he efiafī. Ma omi ki hoku 'apī 'o inu tī mo kai pisikete pea ma toki 'alu 'o 'ave ki honau 'apī. Neu 'osi kamata hono tohi e ki'i talanoā, koia ai na'aku pehe keu fakapā kia 'Eli Pālesi pe tene fie tā ha ki'i fakatātā fekau'aki moe ki'i talanoā. 'Oku manako 'aupito he tā fakatātaā.

I gave her an outline of the story. It's about playing marbles under a big mango tree with a huge canopy to protect them from the sun. The mango tree has fruits which the flying foxes eat. Some kids will be playing underneath on a big circle drawn on the bare ground.

Koia ai neu fakamatala leva 'ae anga 'oe fo'i talanoā. Koe fo'i talanoa kiha va'inga mapu 'iha lalo mango lahi 'aupito pea malumalu meihe la'ā. 'Oku fua lahi e fu'u mangō pea kai 'ehe fanga pekā. 'Iai moe kau leka 'oku nau mapu he fu'u siakale lahi he lalo mangō.

I'll do it now Elli Paris said. Surprised, I responded ok.

Talamai a 'Eli Pālesi tene tā pe he taimi ni. Kou 'ohovale, kae sai ai leva.

Before we left to her house at 4.30 pm Elli Paris explained the drawing to me. I had a question: 'What's those lines on the top righthand corner of the mango tree?' 'Oh, that's the rays of the sun, grandpa!' I was floored. That's what you get when you ask a silly question!

Koe taimi 'alu ki honau 'apī koe 4.30 efiafi kae kimu'a iā, fakamatala e fefinē kihe fo'i fakatātaā. Kou 'eke ange, 'Koe ha e ngāhi laine koē 'i 'olunga he fu'u mangō he tafa'aki to'o mata'ū ?' Pehē mai e fefinē, "Ue, koe huelo ia e la'ā." Mani! kou meimei tō au ki lalo. Mahalo 'oku tonu kete ki'i 'uluaki fakakaukau ma'upe pea te toki fehu'i.

What I asked for in less than an hour before, is what is on the drawing you see here. Did you see the flying fox? At that time Elli Paris was 7 years old.

Koe me'a na'aku kole kiai he si'i hifo he houa e taha pe kuo 'osī, koia ia 'oku hā 'ihe fakatātā 'oku 'asi koenī. Na'ake fakatokanga'i e ki'i pekā? Na'e tā eni 'e 'Eli Pālesi ko hono ta'u 7 ia.

Contact Tapani at:

Fetu'utaki mai kia Tapani 'ihe:
stmangisi@gmail.com

www.ingramcontent.com/pod-product-compliance
Ingram Content Group UK Ltd.
Pitfield, Milton Keynes, MK11 3LW, UK
UKHW061223180426
11947UKWH00027B/1989